Estética

Coleção **PASSO-A-PASSO**

CIÊNCIAS SOCIAIS PASSO-A-PASSO
Direção: Celso Castro

FILOSOFIA PASSO-A-PASSO
Direção: Denis L. Rosenfield

PSICANÁLISE PASSO-A-PASSO
Direção: Marco Antonio Coutinho Jorge

Ver lista de títulos no final do volume

Kathrin H. Rosenfield

Estética

ZAHAR

Grafia atualizada segundo o Acordo Ortográfico da Língua Portuguesa de 1990, que entrou em vigor no Brasil em 2009.

Capa
Sérgio Campante

CIP-Brasil. Catalogação na fonte
Sindicato Nacional dos Editores de Livros, RJ

R726e Rosenfield, Kathrin H. (Kathrin Holzermayr), 1954-
Estética / Kathrin H. Rosenfield. — Rio de Janeiro: Zahar, 2006.
(Passo-a-passo)

Inclui bibliografia
ISBN 978-85-7110-915-5

1. Estética. I. Título. II. Série.

09-5812 CDD: 111.85
CDU: 111.85

EDITORA SCHWARCZ S.A.
Praça Floriano, 19, sala 3001 — Cinelândia
20031-050 — Rio de Janeiro — RJ
Telefone: (21) 3993-7510
www.companhiadasletras.com.br
www.blogdacompanhia.com.br
facebook.com/editorazahar
instagram.com/editorazahar
twitter.com/editorazahar

FSC
www.fsc.org
MISTO
Apoiando o manejo florestal responsável
FSC® C128038

A marca FSC® é a garantia de que a madeira utilizada na fabricação do papel deste livro provém de florestas que foram gerenciadas de maneira ambientalmente correta, socialmente justa e economicamente viável, além de outras fontes de origem controlada.

Esta obra foi composta por TopTextos Edições Gráficas em Minion e Frutiger e impressa em processo sob demanda pela Um Livro sobre papel offset para a Editora Schwarcz a partir de 2024

Sumário

Introdução

Mais do que uma introdução à história da estética, este livro é antes uma apresentação sintética dos objetivos e dos problemas que a estética coloca hoje como disciplina acadêmica e como base teórica da crítica de arte.

O termo e a disciplina "estética". A palavra "estética" vem do grego *aísthesis*, que significa sensação, sentimento. Diferentemente da poética, que já parte de gêneros artísticos constituídos, a estética analisa o complexo das sensações e dos sentimentos, investiga sua integração nas atividades físicas e mentais do homem, debruçando-se sobre as produções (artísticas ou não) da sensibilidade, com o fim de determinar suas relações com o conhecimento, a razão e a ética. A questão básica proposta pelo termo gira em torno do problema do gosto: nossos juízos de valor e preferências quanto às coisas sensíveis são meramente subjetivos e arbitrários? As regras de gosto seriam meras convenções, normas impostas pela autoridade de grupos ou indivíduos? Ou haveria no gosto um elemento racional ou uma capacidade autônoma de perceber e julgar?

No entanto, nessa investigação, muito ampla, a obra de arte sempre tende a ocupar um lugar de destaque, e os enfoques apresentados aqui seguirão o viés da experiência estética voltado para as produções artísticas e culturais.

A disciplina acadêmica da estética começa tão somente no século XVIII, com a investigação do filósofo alemão Alexander Baumgarten (1714-1762). Antes dele, as estéticas sempre estavam integradas em abordagens sistemáticas da filosofia, confundindo-se muitas vezes com reflexões auxiliares e iluminando problemas éticos ou a teoria do conhecimento (por exemplo, em Platão, no neoplatonismo cristão e nas abordagens éticas e utilitaristas dos autores ingleses e escoceses). Entre 1750 e 1758, Baumgarten publica duas obras — uma delas intitulada *Aesthetik* —, as quais separam a doutrina da beleza estética das outras partes da filosofia. O autor sublinha a autonomia da disciplina, chamando-a, porém, de "irmã mais jovem da lógica".

A plena autonomia da experiência estética aparece na *Crítica do juízo* (ou *Crítica da faculdade de julgar*), de Kant (1790), e, novamente, com algumas reservas, na *Estética*, de Hegel (1820). Quando Kant começa a refletir sobre o juízo de gosto, essa hierarquia que subordina a experiência sensível à cognitiva, racional e ética se faz sentir ainda. No entanto, Kant marca um grande avanço. Num primeiro momento, ele ilumina a contribuição da imaginação para as atividades cognitivas; num segundo, reconhece que a capacidade da imaginação, que seleciona conjuntos de dados da experiência sensível, oferecendo-os à avaliação cognitiva, repousa sobre uma faculdade autônoma e *a priori* (isto é, não empírica, não determinada pela sensibilidade). Sua obra mencionada acima fornece a contribuição mais relevante para uma visão da experiência estética como atividade autônoma.

Por onde começar? A maioria dos manuais de estética parte (consciente ou inconscientemente) de um pressuposto empírico e instrumental compartilhado com as histórias da arte. Supõe-se que haveria uma "origem" da arte: os restos arqueológicos de instrumentos e obras (por exemplo, pinturas rupestres) pré-históricos comprovariam interesses ou finalidades práticas dessas produções "artísticas". Nessa visão, a experiência estética e a arte não teriam um estatuto autônomo, e sim preencheriam uma função determinada por necessidades alheias à arte. No entanto, é fácil conceber que, independentemente da oposição da função instrumental e do estatuto "desinteressado" ou estético dos objetos pré-históricos, existem e sempre existiram formas efêmeras de experiência estética. Qual seria a "função" de gestos e sons ritmados, por exemplo? Eles servem a um "interesse", preenchem finalidades predeterminadas? Ou constituem uma ordenação simultaneamente estética e lógica? Não seriam essas realidades sensíveis antes os elementos básicos, a linguagem e a matriz, por assim dizer, que deram origem à cultura? É verdade que, nas culturas arcaicas, é difícil distinguir entre os aspectos utilitários e os estéticos: duas pontas de flecha encontradas num túmulo, delicadamente esculpidas em ágata e cristal, representariam "utensílios" de caça ou objetos "belos" que dignificam os restos mortais da pessoa enterrada? Os canais de irrigação e as pirâmides no planalto boliviano são meros dispositivos tecnológicos ou obras-primas da escultura? Mencionamos esses exemplos apenas para mostrar como a coisa estética e a tecnológica, o objeto sensível e sua dimensão outra (transcendente ou ontológica), se confundem inextricavelmente — fato este que é ressaltado também pela etimologia dos termos gregos que designam a arte e a tecnologia dos tempos arcaicos: *tékhne* e *mekhané* assinalam a raiz comum da invenção criadora e da perícia tecnológica.

O que exponho a seguir são abordagens distintas em função das perspectivas e dos pressupostos a partir dos quais diferentes autores investigaram a arte e a experiência estética em determinados momentos da história.

O belo na Antiguidade

Durante muitos milênios, a história da arte se confundiu com a história da cultura, as coisas belas estavam integradas aos cultos religiosos, políticos e sociais, às práticas da vida cotidiana e às técnicas que sustentavam a sobrevivência ou a conquista do espaço vital. Em todos os domínios — da construção do espaço urbano à vestimenta, dos hábitos culinários ao armamento —, a arte preencheu funções socialmente importantes. Os objetos da arte primitiva são indissociáveis da magia, da religião e dos rituais; esculturas, armas ou joias arcaicas expressam claramente o prestígio social e político dos seus proprietários; e, ainda na época clássica, a educação grega gira em torno da *kalokagathía*, isto é, da ideia de uma convergência do valor estético com os valores éticos (utilidade social e política) da comunidade. Essa ideia sustenta a *Paideia* clássica, dando sentido à forma de educação que jamais dissocia a ética e a política da estética e das técnicas de produção dos (belos) objetos.

Sócrates e Platão. Sócrates, o mestre de Platão, coloca um problema da estética que terá grande futuro no neoplatonismo cristão e que persiste, de modo tênue, até hoje. Ele reflete sobre a tradição popular tipicamente grega que associa espontaneamente o belo e o bem (*kalokagathía*) e reformula essa tradição com duas proposições análogas que explicitam esse elo como um vínculo natural entre beleza e bondade: o indivíduo que tem valor moral é suscetível de agir belamente, e, vice-versa, o indivíduo belo tem a possibilidade de atos moralmente bons. No entanto, acrescenta Sócrates, esse elo não é dado — estabelece-se com vistas a algo outro: a utilidade, ou seja, é referido a uma finalidade.

A mesma ideia aparece também nos diálogos socráticos, que nos mostram quanto os cidadãos gregos tiveram apego à beleza concreta, às diferentes coisas belas — em todos os sentidos: agradáveis, desejáveis, úteis e proveitosas, moralmente boas ou não. Toda a educação grega estava baseada no belo: mitos e relatos épicos, ritos e cerimônias envolvendo objetos (como estátuas) ou danças, cantos de louvor e música comemorando os valores coletivos. Platão parte desses costumes, que são ao mesmo tempo religiosos, políticos e linguísticos e sintetizam as diversas facetas semânticas do termo "belo" (*ton kalón*). Progressivamente, seus diálogos submetem o belo a uma investigação filosófica que separa os diversos conceitos e, assim, permite pensar a ideia abstrata de "belo", independentemente dos fenômenos particulares nos quais essa ideia se realize.

Eis a razão pela qual muitos comentaristas dizem que a metafísica de Platão é inteiramente uma estética. Isso é verdade em muitos sentidos, em particular devido ao fato de que o filósofo deriva das experiências estéticas e artísticas que marcaram a sua época o vocabulário com que construirá sua teoria do conhecimento (epistemologia). Na infância de Platão, ocorreram inovações técnicas que nós chamaríamos de realistas ou naturalistas: a pintura de retrato e as cenografias com efeitos de perspectiva (*trompe l'oeil*) se parecem com a realidade, embora transformem o objeto tridimensional em superfície bidimensional. É dessas experiências novas que Platão deriva as noções centrais de sua metafísica. Alinhando os opostos correspondentes — modelo e cópia, ser e aparência, ideia e imitação —, ele obtém a analogia que lhe permite pensar a "outra" realidade das ideias metafísicas. Basta transpor para um plano cósmico a relação entre o modelo vivo e a cópia representada na tela para poder pensar todo o mundo vivo e físico como uma "imitação" de um modelo imaterial e metafísico: a ideia.

Essas analogias entre a realidade sensível e o seu além metafísico constituem uma inovação filosófica de primeira importância. No entanto, é apenas uma meia verdade deduzir desse fato que a metafísica de Platão seja por inteiro uma estética. Pois a estética de Platão — melhor dito: os esboços de teoria da arte que o filósofo intercala em seu sistema — constitui muito mais uma doutrina normativa com nítidos traços sociocríticos, éticos e políticos do que uma estética.

O que preocupa Platão, por exemplo, no diálogo *Íon* ou na *República*, são as inúmeras possibilidades de abusar dos meios técnicos que a arte coloca nas mãos de pessoas nem sempre confiáveis. Não é um acaso que as concepções de arte da Antiguidade confundam numa só palavra — *tékhne* ou *mekhané* — as ideias (para nós distintas) de "domínio técnico" e "arte" como inovação ou criação. Antecipando a desconfiança que os modernos começaram a lançar contra o progresso tecnológico que dilapida a essência das inovações artísticas e humanas, Platão levanta a voz contra o poder irresponsável de aedos e sofistas, que usam suas capacidades de declamação e de retórica para manipular os incautos, capturando as regiões inferiores da alma com engodos e burlando o raciocínio com falsas aparências. É com esse intuito político (e sociocrítico) que ele elogia o aspecto estático e ritual da arte egípcia, da música e da pintura, da liturgia e do estatuário. Todos os efeitos (ilegítimos, segundo Platão) graças aos quais a música influencia as emoções, os truques da perspectiva e da retórica, as estratégias para dar impacto visual a uma imagem — enfim, todo o domínio técnico do qual os artistas clássicos e seu público se orgulham até hoje — parecem ser vistos tão somente como uma possível degradação que ameaçaria o pensamento claro, a moral e os bons costumes. O maior charlatão era, para Platão, Górgias, o fundador da retórica asiática — exemplo da decadência e da prostituição da palavra.

O que Platão recusa não é a arte como tal, e sim sua banalização nas formas hedonísticas. Estamos na Atenas clássica, após o auge da democracia, que já sofreu as agruras da guerra do Peloponeso. O brilho da democracia grega, que se orgulhava dos progressos artísticos, técnicos e econômicos, científicos e políticos, deu lugar às sombras da perversão das virtudes e revelou os avessos do luxo e do poder. Todas as "artes" da civilização estão sob suspeita — a retórica sofística pode manipular o juízo, a divinação dos vates pode estar a serviço de vontades escusas, a recitação de poesia suscita desejos e prazeres suspeitos... Nietzsche já assinalou o viés reativo, mistura de fascínio e medo, com que Platão ama e rejeita a elegância da reflexão implícita na arte. Nietzsche aprecia as formas implícitas da expressão poética, a densidade e a polissemia da arte, e considera o pensamento de Platão empobrecimento dessa riqueza ambivalente. O pensamento discursivo exige a clareza do raciocínio, e os textos de Platão parecem, às vezes, visar à eliminação da dimensão poética. Contra essa tendência demasiadamente racional, Nietzsche reivindica a inclusão da densidade poética no saber filosófico. Assinala que os conhecimentos do discurso filosófico não podem dispensar a sabedoria poética que revela (e vela) o fundo assombroso e encantador da existência, isto é, um saber que se mantém no limite do compreensível e do cognoscível.

No entanto, a atitude negativa de Platão com relação à arte é um jogo retórico intencional graças ao qual ele pode distinguir, de um lado, o enigma imprevisível da arte e o efeito incalculável da experiência estética e, de outro, as operações discursivas regradas. O discurso filosófico repousa sobre um sistema de argumentos e demonstrações que podem ser comprovados, ao passo que o saber poético surge repentinamente como uma inspiração, atribuída a um dom divino ou a uma possessão por um deus, isto é, a intervenções que o homem não pode controlar e que permanecem inacessíveis às formas regradas do conhecimento humano. Ao mesmo tempo, Platão insinua que essa elevação sagrada — precisamente por ser incontrolável — pode ser fingida e, com isso, degradada por charlatões que exploram a credulidade e as paixões. A essa inspiração divina do entusiasmo (possessão do poeta pelo deus que transmite um saber fora do alcance do homem), Platão opõe os discursos racionais que refletem verdadeiros raciocínios e coerência linguística. Assim, Platão restringe os sentidos dos termos *tékhne* ou *mekhané* — que anteriormente designavam, sem distinção, todo tipo de habilidade: tecnológica ou artística, manual ou científica, prática ou divinatória. Desse modo, Platão qualifica, numa nova formulação teórica, a disciplina da investigação científica e filosófica que produz verdades seguras, em oposição à poesia que sempre tende a degradar a pureza das revelações divinas em dúbias seduções que espreitam nossas paixões sensuais.

Eis a razão pela qual Platão denuncia os "excessos" espetaculares da tragédia, os exageros histriônicos na recitação e na dança, os traços decorativos na pintura e o sensacionalismo das perspectivas na cenografia. Pela primeira vez, surge, no pensamento ocidental, uma distinção clara entre aparência e falsa aparência, separando os modelos verdadeiros e superiores (que procuram captar algo da ideia eterna) dos engodos cujos aspectos prazerosos encobrem o erro e a perversidade.

Encaixada no molde da metafísica, a estética de Platão equivale a um discurso crítico e a uma disciplina imposta às práticas da arte. A imitação ou representação é alvo de admiração e suspeita e, nessa ambivalência, fornece um motor poderoso para a metafísica platônica, fazendo dela uma metafísica da representação. A todo o momento, o discurso de Platão parte de um sistema de analogias e diferenças (proporções aparentes e reais, harmonia fenomenal e real, prazer e virtude, ilusão e retidão, bem e mal, feio e belo), vinculando de maneira inextricável noções estéticas e éticas. A imitação não é, portanto, uma via de perdição no caos das aparências, as categorias da representação artística fornecem a Platão a possibilidade de elaborar a distinção entre a boa e a má representação. A mimética eicástica (relativa a "ideia") remete ao ícone e à verdade da coisa em si, ao passo que a *mimética fantástica* (que faz aparecer fenômenos fugazes) conduz ao prazer inconsistente e ao engano. A essas duas modalidades da imitação, correspondem dois modelos de conduta ética: o primeiro, divino e feliz, oriundo da imitação rigorista; o segundo, ateu e miserável, resultante da imitação hedonista. O critério fundamental que Platão procura na sua reflexão sobre a arte é a separação da experiência estética das inúmeras formas de divertimento hedonístico.

O Banquete de Platão, diálogo ao longo do qual os interlocutores debatem as diferentes concepções do belo que coexistem na sociedade do século V a.C., termina com o discurso da sacerdotisa Diotima. Ela introduz o belo como a ideia metafísica que o filósofo só pode alcançar graças a um salto que o leva para além do mundo físico das aparências. A íntima associação do estético e do metafísico teve grande impacto sobre a estética medieval, que reinterpreta Platão na perspectiva do cristianismo. A beleza é, assim, associada à ideia da revelação e à perfeição de um Deus-Criador ou de uma ordem cósmica preestabelecida.

Aristóteles. Aristóteles parte das estéticas implícitas de Platão e de Górgias, um dos mestres da retórica que enriqueceram graças à sua arte. Assim, ele já dispõe do vocabulário e das distinções conceituais que captam aspectos essenciais da imitação artística e os seus efeitos abusivos (manipulação, ilusionismo, prestígio). A crítica de Platão é recolocada numa perspectiva mais neutra, menos moral e política. Chama a atenção, por exemplo, o lugar mais discreto dos argumentos éticos que fustigam os abusos da arte e dos meios técnicos envolvidos na sua produção. Também a *Poética* descarta como impróprio à arte o apreço pelos efeitos espetaculares da tragédia, os exageros de cenografia e figurino, o fascínio pelos efeitos violentos e pela tecnologia cênica da época, e renuncia a qualquer *pathos* retórico (que sempre encontramos em Platão). Com a objetividade do naturalista, Aristóteles analisa as diferentes formas de arte (pintura, dança, música, drama). Aplica a todas as mesmas categorias universais (meio, modo etc.) que permitem evidenciar a realização de finalidades próprias do gênero humano: a arte, para ele, contém um vínculo constitutivo com o prazer e o conhecimento, tem uma afinidade (não mais especificada) com a reflexão filosófica. Tratando das virtualidades ou potencialidades da experiência (daquilo que poderia ser), a *mímesis* poética (nós diríamos "o texto literário") afasta-se tanto da historiografia (que registra o que ocorreu no passado) quanto da ciência (que constata o que são os objetos reais). Embora concebida como um tratado sobre todas as artes, em particular o trágico e o cômico, a *Poética* nos chegou de forma mutilada. O que restou é a parte dedicada à tragédia.

Lendo-se nas entrelinhas, percebe-se que Aristóteles enfoca a arte "cientificamente", como mais um fenômeno entre os outros que compõem o universo. Essa atitude valeu-lhe a crítica por propor um racionalismo inadequado para a arte. Notemos, entretanto, que essa sua perspectiva, em primeiro lugar, resgata a arte da mácula da "mentira" e da "falsa aparência" destacada por Platão. Aristóteles integra a arte na totalidade dos fenômenos cósmicos, concedendo à *mímesis* um *status* análogo. Nesse sentido, a arte "ganha" ao ser nivelada com os outros fenômenos naturais — razão pela qual Aristóteles concebe a história da arte como um progresso comparável ao crescimento orgânico. Na natureza, como na arte, há uma finalidade que configura uma espécie de causalidade. Bichos e plantas devem atingir a maturidade para poderem preencher suas finalidades biológicas. Da mesma forma, a arte começa com esboços e experimentações ocasionais. Aristóteles parece considerar os mitos e ritos, cortejos e improvisações cênicas que precedem a tragédia formas embrionárias que ainda não chegaram à maturação. A tragédia passa por fases subsequentes, nas quais se sedimentam os elementos de sua estrutura até que o gênero se torna maduro.

Num segundo momento, Aristóteles analisa em que consiste a finalidade da tragédia e o modo como ela a preenche. A poesia trágica tem, por assim dizer, uma dupla finalidade — intelectual e afetiva. De um lado, a ação no palco suscita os sentimentos trágicos — piedade e terror. Trata-se de perturbações emocionais que o arranjo artístico deve provocar para saná-las. Semelhante ao que acontece nos terreiros brasileiros, a sociedade clássica praticava, ainda, terapias baseadas em movimentos rítmicos (dança, música, manipulações corporais). Estas proporcionavam alívio ou cura de males psíquicos ou físicos por meio de descargas energéticas (transe, convulsões, estados hipnóticos). Tais práticas estão implícitas na concepção que o famoso mestre da retórica, Górgias, tinha sobre os efeitos da arte. Valorizando o discurso regrado pelos preceitos retóricos, ele acentuava como vícios as manifestações emocionais, epidérmicas e viscerais da poesia — frêmitos, frissons, lágrimas —, ridicularizando os efeitos sentimentais e excessivos da catarse trágica.

De outro lado, Aristóteles distancia-se deliberadamente de Górgias. O filósofo mostra que os mecanismos fisiológico e psicológico têm uma interface intelectual (de novo, o olhar científico livra a arte do preconceito moral e racional que estigmatiza a sensibilidade como desmedida, patológica ou como defeito ético). A catarse aristotélica não é uma simples válvula de escape para mentes ou corpos sobrecarregados de emoções, vítimas prediletas de charlatões. A catarse trágica integra o equilíbrio passional e o espiritual, seu efeito essencial situa-se na interface do psicológico e do intelectual, unindo a sensibilidade e a inteligência. A catarse aristotélica transpõe os mecanismos psicológico e fisiológico para um outro nível. O que purifica os sentimentos trágicos é a compreensão — acompanhada de emoções — da lógica das ações, que leva à reviravolta.

Nesse sentido, é importante observar que a *Poética* desloca a perspectiva platônica, que focalizava a representação (imitação, *mímesis*) do caráter. Aristóteles, ao contrário, assinala insistentemente que a tragédia *não* representa caracteres. Em outras palavras, o filósofo é o primeiro a respeitar a especificidade da linguagem artística: o drama não trata de seres humanos vistos numa perspectiva ética (esta isola e abstrai virtudes estáveis — eis o sentido do termo caráter, *éthos*). O próprio da arte, isto é, da tragédia, é a representação de vida e ação, felicidade e infelicidade dos homens: "... o alvo visado [pela tragédia] é uma ação, não uma qualidade; pois os homens, segundo o seu caráter, possuem tal ou tal qualidade, porém segundo as suas ações eles possuem felicidade ou infelicidade." A "felicidade" em questão é menos o sentimento ou o estado psicológico que nós associamos a essa palavra. Trata-se da *eudaimonía*, de um "bem-viver" (harmonia de todas as forças do cosmo), estado desejável em si mesmo, não em função de algo outro. Em outras palavras, a arte não exemplifica valores historicamente já determinados, procura abranger fenômenos concretos no horizonte do fim último, de um bem em si mesmo.

Implicitamente, o capítulo 6 inscreve a *Poética* no sistema dos fins da *Metafísica.* Nesta, Aristóteles distingue o bem cósmico, o bem prático e a coisa útil. O bem cósmico é a causa última graças à qual todos os movimentos ocorrem e tomam o seu sentido. O bem prático é o princípio das ações e atividades, cuja finalidade não é a realização de virtudes (que são apenas bens relativos), e sim o "bem-viver", a felicidade. A coisa útil nada mais é do que um meio para a obtenção de um bem, ao passo que o bem-viver representa o único bem que não é jamais um meio.

Aristóteles concebe a tragédia como voltada para a felicidade, o bem-viver, não como representação exemplar de uma virtude ou de um caráter (que caracterizará, mais tarde, toda a estética cristã). Em outras palavras, a poesia trágica realiza o belo na medida em que o "sistema das ações" oferece não somente os sentimentos trágicos, mas, através deles, uma surpresa iluminadora que permite distinguir as diferenças e os paradoxos inscritos no tecido narrativo das ações. O drama não representa diretamente o bem ou o mal, e sim uma rica gama de virtudes e excessos passionais, erros e acertos relativos que colocam a questão do bem último. O horizonte do drama, que põe em cena a ambiguidade desconcertante dos valores, a mobilidade assustadora das virtudes e dos sentidos aparentes, é o sentimento da medida. Mas a arte evidencia, antes de tudo, a dificuldade de definir e pensar a justa medida. Esta aparece sobretudo na íntima aliança de um aspecto estético com um ético: é na fusão do belo e do bem que se realiza o bem-viver. A beleza da trajetória trágica não mostra a realização de uma virtude (ao contrário, ela mostra a desmedida que leva à morte trágica). Mesmo assim, ela não é um niilismo que se opõe à virtude, e sim desmedida que, paradoxalmente, permite trazer à tona o brilho, a vitalidade interior, da ação.

Aristóteles aproxima o belo e o bem, primeiro, na medida em que ambos repousam sobre a justa medida; segundo, porque produzem um prazer que, embora individual, não é egoísta. Mas os valores estético e ético nunca se confundem totalmente. Mesmo quando seu conteúdo for idêntico, permanece uma diferença na forma, pois o belo é contemplado, ao passo que o bem se dá na ação.

Um dos aspectos importantes da *Poética* é a análise clara e consequente da ficcionalidade da obra de arte. Aristóteles investiga a representação (a obra) sem confundi-la com as coisas representadas (personagens, virtudes, ações). Nunca uma ação é avaliada de forma isolada, mas sempre como parte de um sistema de fatos. Esse sistema, isto é, a obra como um todo, é oferecido à contemplação: diferentemente do juízo ético ou de conhecimento, a contemplação estética capta a beleza (glória, brilho, vitalidade interior) do conjunto das ações e passa, em silêncio, à avaliação ética que demandaria muitos argumentos e silogismos.

Da kalokagathía *à crítica da arte e à estética*. As concepções de Platão, Aristóteles ou Plotino, bem como o neoplatonismo cristão, valorizavam a arte como mediadora de uma ordem cósmica ou metafísica que encontra na verdadeira beleza e na perfeição sua expressão mais adequada.

Durante milênios, também a diferenciação das formas artísticas acompanha a crescente complexidade social, ora produzindo-a, ora refletindo modificações sociais, políticas e tecnológicas. No entanto, a secularização que começa a repartir as funções respectivas da Igreja e do Estado altera, ao longo dos séculos XVII e XVIII, o espaço ocupado pela arte. A burguesia em ascensão começa a manifestar um interesse vivo pelos objetos artísticos outrora reservados ao mecenato da Igreja e das cortes aristocráticas. Assim, começam a aparecer com mais clareza a função ideológica e o prestígio que transformam o gosto em um operador implícito e ambíguo. As galerias, os críticos e conhecedores fazem usos diversos das obras de arte. Comércio, educação e prestígio misturam-se nas avaliações que tendem a confundir critérios éticos e sociais, políticos e econômicos, sem falar das delicadas fronteiras entre méritos intelectuais e educativos, particularidades geográficas e culturais.

Alguns precursores de Kant. Apesar dos usos que os diferentes poderes sempre fizeram da arte, apesar das polêmicas contra os abusos do refinamento excessivo e as manipulações que transformam as práticas artísticas em meios de sedução, os pensadores dos séculos XVII e XVIII mantêm firmemente um elemento da antiga *kalokagathía*: a convicção de que a experiência da beleza na arte teria um elo íntimo com o bem moral.

Tal convicção reaparece em novas roupagens, nas observações do *gentleman* Shaftesbury (1673-1713), cujo altruísmo generoso alia considerações morais com elementos do idealismo platônico e juízos de valor do *connaisseur*. Esse novo gênero [prolongado pelo sucessor, Francis Hutcheson (1694-1746)], levará David Hume (1711-1776) a refletir *Sobre o padrão do gosto*, título de um ensaio de 1757, que levanta o problema dos critérios múltiplos que escapam ao elo idealizado entre o ético e o estético — problema este que será um dos pontos de partida para Kant. Mas, no seu conjunto, a estética de Hume permanece num marco bastante tradicional. Muitos dos exemplos sobre conveniência, utilidade e adequação lembram raciocínios bem conhecidos desde a Antiguidade: nenhum ornamento pode superar a beleza da adequação prática que contribui para o bem-estar comum (pensemos, como exemplo, num campo verdejante que nos agrada pelos sinais da fertilidade).

Espalhada em diferentes obras, a estética de Hume rearticula quatro noções básicas: a imaginação, a simpatia, a utilidade e a beleza, opondo a beleza absoluta, conceito formal da beleza, à beleza relativa e derivada, cujos critérios são a utilidade e a adequação. Voltada para representações e fenômenos constituídos da cultura, Hume pressupõe a ideia da simpatia como elo entre os domínios da estética e da ética. A imaginação e a simpatia permitem operar deslocamentos que transformam *ideias em impressões* que excitam nossas paixões. É graças à simpatia que as qualidades morais proveitosas para a sociedade (bondade, generosidade) convertem-se em emoções sensíveis que determinarão nossos afetos e nossa estima. Através da simpatia, sentimos virtudes e qualidades morais como se fossem emoções, e esses sentimentos induzem a adesão afetiva a ideias racionais, que resulta na atitude desinteressada de quem consegue colocar-se no lugar dos outros.

Também na França do século XVIII, nem o apaixonado defensor da naturalidade, Rousseau (1712-1778), nem o sóbrio pensador Diderot (1713-1784) abrem mão da ideia (milenar) das implicações ou finalidades éticas que asseguram à beleza seu *status* de destaque. Em diversos escritos (*Carta sobre os surdos-mudos*, 1751; *Ensaio sobre a pintura*, 1761; *Paradoxo sobre o comediante*), Diderot oferece uma nova concepção da relação entre a representação e a coisa representada. A arte não é mais obrigada, como nas concepções idealistas, a captar o verdadeiro, nem a copiar o ideal ou a natureza, e sim a escolher traços verossímeis e a reunir esses aspectos em conjuntos que transponham o real para o plano ficcional. São o rigor e a pertinência da escolha que permitem captar um "tipo". A reunião (ou condensação poética) do máximo de detalhes típicos eleva a coisa representada ao ideal, transcendendo a dispersão das coisas naturais. A imaginação, por sua vez, permite fundir esse ideal com os dados da sensibilidade.

A liberdade concedida ao fazer artístico exige novas considerações sobre a verdade, a utilidade e a ação moral das obras. Diderot ressalta que o universo da verossimilhança tem a virtude de fazer esquecer os interesses mesquinhos.

No mundo hipotético da ficção, somos mais generosos, equitativos e piedosos do que no mundo real. A arte favorece, portanto, o senso moral e o gosto.

Comparada com os escritos dos franceses e ingleses, a estética alemã trilha caminhos mais racionais e intelectualistas. Os precursores de Kant, Wolf, Mendelssohn ou Baumgarten, são professores de filosofia, catedráticos universitários que lecionam estética, lógica e metafísica. Na sua perspectiva, trata-se de encontrar o lugar que a experiência estética ocupa no sistema do pensamento. Isso determina o foco de suas análises, que investigam predominantemente o jogo entre a imaginação e o entendimento. Trata-se agora de iluminar o elo entre formas distintas de saber, de um lado, a produção de um saber que surge da combinação de imagens sensíveis e, de outro, a produção do conhecimento discursivo. Esse enfoque estará, mais tarde, também no centro de interesse de Kant. Mendelssohn e Baumgarten compartilham uma concepção racionalista da estética, na qual a beleza é definida como um estágio anterior e incompleto que prepara a ordem racional do conhecimento discursivo. Enraizado na sensibilidade, o belo surge como consequência da emoção, e esta, inferior à clareza racional, produz uma representação somente obscura e confusa da perfeição. No entanto, a estética de Kant rompe por completo com os hábitos intelectuais dos seus predecessores. Desaparecem as hierarquias racionalistas da estética alemã, assim como os pressupostos morais dos ingleses. Onde Hume insistia sobre a simpatia e a imaginação que articulam valores morais e sentimentos subjetivos, fortalecendo o amor e a solidariedade das associações humanas, Kant coloca a imaginação numa nova perspectiva, que ressalta sua importância para a cognição. Esse enfoque da *Crítica da razão pura* será ampliado e constituirá o cerne da *Crítica do juízo*.

Kant (1724-1804)

O grande mérito da estética de Kant está na sua capacidade de livrar-se da maioria dos pressupostos históricos e dos conceitos (ou preconceitos) culturais que pesam sobre o belo e a arte. A amplidão de seu enfoque abrange tanto o belo natural quanto o belo artístico e mantém-se na análise da experiência estética subjetiva e das relações desta com a sensibilidade, o conhecimento e a razão prática. É notável que essa obra extensa quase não contemple a arte nos seus fenômenos históricos — o que pode parecer um defeito —, e investigue tão somente o estatuto da experiência estética (o prazer subjetivo) no sistema das demais faculdades do ânimo.

Sua *Crítica do juízo* é uma espécie de "Summa", que trilha um novo caminho entre as concepções — pragmáticas e éticas, de um lado, empíricas, cognitivas e intelectualistas, de outro — que acomodam a experiência estética e a artística numa posição de dependência e subordinação às faculdades racionais e intelectuais "superiores".

Em vez de opor a sensibilidade e a razão numa hierarquia, Kant se interessa, desde a *Crítica da razão pura*, pela função que a imaginação (que seleciona as percepções sensíveis) preenche na atividade do entendimento. Ele se orgulhava desse seu enfoque original, que não relega a imaginação a uma fantasia da sensibilidade confusa, e sim a integra como partícipe autônoma na própria atividade racional.

Antecipando as aberturas "simples" com as quais nos familiarizou à filosofia da linguagem, Kant investiga a beleza partindo da proposição, aparentemente singela e corriqueira, de quem exclama "isto é belo!". Mas ele não a considera, como os seus predecessores, manifestação de um entusiasmo emocional, psicológico ou patológico. Lembremos que as emoções estéticas podem adquirir, através da conexão com a ideia (Platão) ou com a simpatia (Hume), um estatuto metafísico e/ou ético. Distanciando-se desse tipo de construção, bem como dos hábitos meramente empíricos e convencionais dos conhecedores de arte, Kant coloca a frase "isto é belo!" no âmbito de um juízo que concede ao gosto o direito de ser analisado no mesmo nível em que os outros juízos (lógico ou ético).

Mencionemos, primeiro, os principais conceitos da *Crítica do juízo* — entendimento, imaginação, juízo, juízo de gosto (puro) — e sua integração com o sistema kantiano. No domínio da razão pura, o entendimento é a faculdade de pôr e seguir regras que desembocam no conhecimento apanhado em conceitos. Entre os juízos, há dois tipos de procedimento que nos permitem subsumir dados sob as regras: o juízo *determinante* intervém quando já sabemos sob qual regra cai um objeto. O juízo *reflexionante* intervém quando se deparam objetos ou dados para os quais temos de encontrar a regra.

O juízo de gosto pertence ao juízo reflexionante. Isso significa que o prazer que acompanha nosso julgamento quando dizemos "isto é belo!" corresponde a uma capacidade imediata de distinguir e refletir, ou seja, este juízo não é uma resposta automática da nossa sensibilidade ou da nossa mente. Para Kant, o prazer estético é algo diferente da satisfação sensível (biológica) e da cognitiva. Também não coincide com o contentamento de ter cumprido o dever ético. Na experiência estética, o sentimento imediato da beleza opera como a abertura de um espaço que nos libera da submissão mecânica às regras do entendimento, do dever ético e das demandas do desejo sensível.

A originalidade de Kant está em postular no juízo de gosto puro um prazer e uma reivindicação de universalidade: quem diz "isto é belo!" não diz apenas que tem prazer com algo que lhe agrada, postula uma reivindicação implícita — a de que essa relação subjetiva de prazer diante da beleza seja válida universalmente para todos os seres racionais (nisso, ela difere do agradável, do bom e do verdadeiro, que dependem do objeto).

Podemos ver, no juízo de gosto, um meio-termo entre dogmatismo (que prega o primado do intelecto sobre a experiência) e empirismo (que mostra como os dados empíricos determinam o conhecimento e a ação). Não há um sentimento que determine o juízo do belo, nem um juízo racional (cognitivo ou ético) cujos conceitos determinem nosso sentimento (como acontece nos juízos sobre o verdadeiro, o perfeito e o bom). No juízo de gosto, manifesta-se um sentimento de juízo (*Urteilsgefühl*), isto é, uma coincidência imediata de juízo e sentimento, que torna impossível subordinar o sentimento à operação racional. Na experiência estética, o próprio juízo (razão) está acomodado numa matriz de sentimentos prazerosos e é nesta matriz que surge um espaço-tempo, uma *dimensão* ("estádio" seria um termo com a ambivalência adequada) que fornece ao sujeito uma *liberdade* que não existe nas outras formas de juízo.

Os quatro momentos da Analítica do Belo. Num dos capítulos da *Crítica do juízo*, chamado Analítica do Belo, Kant demonstra a zona "pura" do gosto onde reina o sentimento de juízo (*Urteilsgefühl*). Forçando um pouco a terminologia de Kant, podemos ver, nessa faculdade de distinção imediata, um "espaço", ou uma dimensão reservada, que não é determinado por interesses psicológicos, biológicos, lógicos ou éticos. Kant diz que o juízo de gosto puro é "desinteressado". Isso não significa que tal juízo corresponda à apatia ou ao altruísmo. Indica um estado não constrangido pelo interesse de conhecer ou de ter, um estado de espírito que tampouco se deixa constranger pela vontade ética de realizar o bem (note a grande diferença com relação a Hume). Quando julgamos belo um objeto, a beleza é referida tão somente ao prazer subjetivo, não a uma qualidade objetiva do objeto. O desinteresse não significa aqui indiferença ou neutralidade, e sim um estado que suspende os interesses do corpo (apetite sensorial ou hedonístico), do entendimento (interesse cognitivo) e da razão (zelo ético pelo bem).

A essa relação livre e sem interesse corresponde a ausência de conceitos. No juízo estético, não intervêm as categorias ou os esquemas do pensamento consciente, embora o juízo de gosto puro tampouco os negue. O uso que fazemos da palavra "beleza" ou "belo" prova que o sentimento do belo não surge do entendimento, enquanto este subsume os dados da experiência aos esquemas categoriais que permitem formar conceitos (do verdadeiro, do útil, do agradável e do bom). Este uso também não remete a impressões sensoriais que a imaginação combinaria arbitrariamente, sem respeito às regras do entendimento. O juízo estético é sem conceito, na medida em que se sustenta no "livre jogo" entre imaginação e entendimento.

Num segundo momento da Analítica do Belo, Kant fala do desdobramento do acordo harmonioso que ocorre entre as capacidades do conhecimento. No "livre jogo" de imaginação e entendimento, o belo é representado como objeto de um prazer *universal*, como algo que pode ser comunicado a outros seres. Ora, a comunicação (Kant o mostrou na primeira crítica) requer conteúdos e conceitos. Kant resolve a aparente contradição com o seguinte raciocínio: quando dizemos "isto é belo!", não julgamos realmente o objeto, mas *imputamos* ao objeto a beleza como se essa fosse uma qualidade suscetível de um juízo lógico. Nesse "fazer como se", essência da ficção, o juízo estético não se fixa, nem se determina em um conceito.

Hegel procurou resolver essa antinomia dizendo que, na contemplação do belo, "não somos conscientes do conceito e da subsunção dos dados da imaginação sob o conceito", de forma que a inconsciência não deixa ocorrer a separação do objeto singular e do conceito geral. A relação estética não determina nenhum objeto, não desemboca em conhecimento. O que é comunicável na experiência do belo não é nenhum conteúdo, e sim somente a condição subjetiva do conhecimento em geral. Esta consiste na relação subjetiva da imaginação (que fornece a ligação do diverso da intuição) e do entendimento (que unifica normalmente as representações sob o conceito). Nessa relação (com o belo), a subjetividade ultrapassa a mera particularidade e revela (no lugar do conhecimento) a pura condição subjetiva do conhecimento em geral.

Num terceiro momento, Kant mostra que o belo é percebido na forma da conformidade aos fins do objeto. Diferentemente da relação externa de meios e fins — por exemplo, nos corpos vivos nos quais a adequação dos membros ágeis para o movimento aparecem como sendo conformes ao fim (vitalidade), a experiência do belo é em si mesma o seu próprio fim, sem que ocorra a representação conceitual desse fim. A representação que ocasiona nosso prazer quando dizemos "isto é belo!" tem como corolário nosso estado, que se sustenta no prazer como seu próprio fim. O próprio prazer é a consciência de uma finalidade puramente formal. Sem conteúdo específico (isto é, nada de ordem intelectual, moral ou sensorial constitui o prazer estético puro), o prazer sem fim determinado não tem nenhuma outra finalidade a não ser a de manter esse estado. Em outras palavras, há uma dimensão do prazer — a do juízo de gosto puro — que independe de qualquer intenção quanto ao estado das representações e quanto à atividade das faculdades de conhecer.

O quarto momento da Analítica do Belo insiste sobre a necessidade do prazer diante do belo. O que é belo necessariamente agrada, independentemente de qualquer relação com os conceitos, isto é, sem consideração pelas categorias do entendimento.

No seu conjunto, as quatro perspectivas da Analítica do Belo convergem para a afirmação de uma completa fusão de sensibilidade e intelecto no juízo estético (não separação ou estado anterior às clivagens dos outros juízos racionais). Sabemos que o próprio Kant concebia sua *Crítica do juízo* como a "pedra de toque" de um complexo sistema.

Kant considerava sua Terceira Crítica como a "pedra de toque" a sustentar o arco do seu sistema (no qual a investigação das condições do conhecimento constitui uma metade, a outra sendo a reflexão sobre as condições do agir ético). Nela, ele recomeça a refletir sobre a imaginação, a experiência estética e o juízo (implícito e estético) que se situam fora do âmbito do entendimento e da razão e que introduzem entre o reino da lógica e o da ética uma tensão viva. Diferentemente do juízo reflexivo considerado na perspectiva do objeto do conhecimento, Kant concede ao *juízo reflexivo estético* um estatuto radicalmente subjetivo. Na experiência estética, julgamos aquilo que, na representação do objeto, constitui sua relação com o sujeito, não com o objeto. A dimensão subjetiva do juízo é o prazer que não pode tornar-se conhecimento, o juízo de gosto diz respeito àquilo que apraz *sem conceito*. O juízo estético se dá na *imediatez do sentimento*, isto é, na pura subjetividade. Como tal, o *juízo estético é o único a ser plenamente a priori*, o prazer que o acompanha surge no lugar do trabalho cognitivo que o entendimento cumpriria para chegar aos conceitos determinados. Nesse aspecto, o juízo de gosto puro transcende a subjetividade, o prazer desinteressado concilia a faculdade de conhecer e a de desejar. Assim, a *faculdade de julgar é a mediadora* entre as duas faculdades portadoras de princípios a priori: *entendimento* (legislação sobre a natureza) e *razão* (liberdade).

Kant acredita ter encontrado no juízo a *transição que leva da razão* puramente *teórica* (legalidade ou conformidade a leis — *Gesetzmässigkeit*) à razão puramente *prática* (fim último). No juízo de gosto, está presente um elemento inteligível ou um substrato suprassensível que se dá no sentimento imediato do prazer (e que opera de modo puro tão somente na ordem estética). Ao mesmo tempo, sua possibilidade de determinação pela faculdade intelectual não se efetua em um conhecimento determinado, porém deixa aflorar a riqueza virtual do conhecimento em geral, isto é, a pletora da "ideia estética" que "dá muito a pensar".

Na "ideia estética", apresenta-se, de imediato, uma infinidade de possíveis conceitos dos quais o entendimento não poderá dar conta. Nessa perspectiva, podemos entender o sentimento de prazer diante do belo como uma emoção que estanca e contém a avassaladora plenitude do conhecimento em geral. Lembremos, *en passant*, que o filósofo alemão N. Luhman considera toda emoção como uma "reação de imunização" contra impedimentos (físicos ou intelectuais). Esse enfoque dá a entender que existe uma certa afinidade entre o belo e o sublime (raramente comentada pelos especialistas). Kant distingue dois tipos de sublime. O sublime matemático nos inspira a admiração diante das possibilidades inesgotáveis dos números e cálculos. O sublime natural (fenômenos como vulcões e tempestades) nos coloca diante da incomensurabilidade separando nossas faculdades finitas das potências infinitas do cosmo. Os usos e abusos (educativos, moralistas, ideológicos etc.) do belo fizeram com que, no século XX, as investigações críticas da arte se deslocassem para o sublime.

Encerremos esta apresentação sucinta com um olhar para a dimensão ontológica do juízo de gosto. A experiência estética pura relaciona as intuições sensíveis a uma ideia da natureza. Ora, a conformidade dessa natureza com as leis não pode ser compreendida sem uma relação entre essa natureza e um substrato suprassensível. É nesse sentido que a Terceira Crítica constitui uma mediação transcendental e metafísica — fato que um dos grandes intérpretes de Kant, Eric Weil, contempla com o seguinte comentário: "Com a faculdade de julgar, está em jogo a unidade do Ser."

Considerações finais sobre as múltiplas interpretações da estética de Kant. A comparação com o fecho que sustenta as tensões das duas metades de um arco (*Crítica da razão pura* e *Crítica da razão prática*) coloca um enorme problema para a interpretação (muitos especialistas negam hoje que a Terceira Crítica tenha alcançado o alvo que Kant colocou para si). Sem podermos entrar nos detalhes do problema, assinalemos apenas a enorme complexidade dessa estética, na qual cada intérprete ilumina um dos aspectos que mais lhe interessam.

O grande poeta contemporâneo de Kant, Friedrich Schiller, por exemplo, compôs, certa vez, um poema com o título "O ideal e a vida", em que desenvolve a ideia da beleza como um acontecimento fugaz, um mero aparecer que não pertence aos objetos que vemos como belos e, portanto, não como uma propriedade estável do objeto artístico. Essa ideia contém claras reminiscências das leituras da obra de Kant, que entusiasmava Schiller. O poeta ficou impressionado com o privilégio que Kant concedia ao prazer subjetivo. Com efeito, localizar a beleza não no objeto, mas na experiência do juízo de gosto que coincide com um prazer era uma ideia totalmente nova. Se a beleza não pertence mais como um atributo ao objeto, como sugerem as leituras de Kant, o poeta pode considerar a beleza como bela aparência, que tem a consistência de uma sombra. Mesmo assim, o aparecer fugaz da beleza não é uma mera ilusão. No entender de Schiller, ela nos transmite a noção da liberdade, tendo, assim, uma repercussão moral. Esse potencial ético e educativo confere, segundo Schiller, uma função importante à arte. Hoje, essa esperança pode parecer ingênua. Artistas do século XX, por exemplo o romancista austríaco R. Musil, alfinetam o traço pedagógico-controlador (Musil diz "policial") de sua abordagem. O herói do seu romance *O homem sem qualidades*, traduzido no Brasil por Lya Luft, encarna o ceticismo do artista moderno diante desses ideais educativos, normativos e invasores.

No "Mais antigo fragmento de sistema do idealismo alemão" (texto que fixou as reflexões juvenis dos três amigos Schelling, Hegel e Hölderlin), esboça-se a possibilidade de ver, na experiência estética, um fundamento para todas as formas de juízo, de forma que um sistema filosófico futuro seria fundado no sentido estético (*Sinn*, como "sentido", tem a dupla significação intelectual e corporal).

Entre os intérpretes do século XX, há os que ressaltam o fato de que o sentimento do belo decorre do julgamento e que a imaginação ou intuição apreendem, diante do objeto belo, uma imagem e um esquema, sem que o entendimento possa fornecer um conceito. Essa interpretação é apoiada pelo que Kant diz da ideia estética, que nos apresenta uma pletora excessiva de pensamentos que não cabem no entendimento (já que este procede, meticulosamente, fornecendo conceitos determinados).

No entanto, a indeterminação da ideia estética não se confunde com imprecisão. Sua universalidade diz respeito ao estado subjetivo do prazer, que pode ser comunicado a todos os outros seres racionais, enquanto esse estado é a condição subjetiva que torna possível o conhecimento em geral. Focalizando-se esse aspecto, torna-se possível a valorização das possibilidades cognitivas que permanecem latentes ou inconscientes no juízo de gosto. Hegel certamente reelaborou nessa perspectiva a estética de Kant, tentando superar as limitações do seu predecessor com a demonstração do trabalho dialético que as figurações artísticas operam ao darem forma palpável e efetiva aos momentos lógicos do movimento do conceito.

Mas há outras visões possíveis. A de Heidegger, por exemplo, realça a dimensão ontológica derivada da leitura cuidadosa do primeiro momento da Analítica do Belo (noções como desinteresse e favor). Seguindo as sugestões de Heidegger, é possível também associar o conceito de *différence* do filósofo francês Jacques Derrida com a dimensão livre e indeterminada que aflora no juízo de gosto puro.

Hegel (1770-1831)

Kant investiga tão somente a experiência da beleza, ao passo que Hegel trata da arte como um fenômeno histórico e como articulação lógica do espírito. A *Estética* de Hegel não é uma simples aplicação prática da teoria estética, é uma guinada delicada que muda totalmente o lugar atribuído ao juízo de gosto e à experiência estética por Kant. Se Kant insistia (na Analítica do Belo) sobre a diferença entre a experiência pura do belo e os interesses cognitivo, ético e sensorial (sempre também envolvidos na mesma experiência), Hegel enfoca a beleza realçando precisamente os interesses ético e cognitivo que a arte "efetua" (isto é, torna real, palpável e produtor de efeitos). Nas obras de arte, Hegel vê o belo através do prisma do objeto particular, contingente e sensível, embora ele seja, durante longos séculos, o mediador do movimento do espírito. Mesmo assim, a beleza, quando vinculada ao objeto (à obra como efetuação da substância ética), perde aquela dimensão fundamental que Kant lhe atribui quando fala da estética como "pedra de toque" do sistema. Nesse contexto, vale lembrar também que Hegel não leva em consideração o belo natural, no qual se manifesta, de modo particularmente agudo, a imediatez da experiência estética.

Tentando remediar o "formalismo" de Kant, a guinada hegeliana incorpora a arte ao movimento do conceito. As formas artísticas sustentam o processo de autodeterminação do espírito até a conquista da consciência de si. Depois desse retorno espiritual a si mesmo, a obra de arte tem uma importância cada vez menos decisiva. Na terceira das três fases (que também são momentos lógicos) da arte, isto é, na forma de arte romântica, perfaz-se a autonomia do espírito. Na era civil-burguesa, ocorre um deslocamento do espírito, que se libera definitivamente da contingência e da materialidade sensível. Hegel diagnostica, nesse domínio espiritual de si e do mundo, o "fim da arte", isto é, uma superação da imediatez da experiência estética.

A *Estética* subdivide-se em três partes — a primeira, sobre o belo artístico e o ideal; a segunda, sobre o desdobramento do ideal em três formas concretas; a terceira, sobre o sistema (lógico) das artes.

O privilégio do belo artístico. Na obra de Kant, tanto a natureza como a arte proporcionam experiências estéticas, e o belo natural não é inferior ao artístico. Hegel modifica essa perspectiva. Na introdução e na primeira parte de sua *Estética*, apresenta as razões que levam à exclusão do belo natural de sua reflexão. Para Hegel, é belo apenas aquilo que surge do espírito e para o espírito. Uma vez que a naturalidade não tem autonomia espiritual, ela fornece ao belo artístico tão somente um suporte sensível e, como tal, contingente e particular. A arte, por sua vez, trabalha esse suporte efetuando, na beleza artística, a liberdade do espírito. É nesse trabalho que o espírito pode reconhecer-se em movimento livre, oposto à inércia do elemento natural e sensível. Em outras palavras, Hegel concebe a arte como trabalho do espírito. O movimento espiritual aliena-se na matéria sensível, mergulha naquilo que lhe é estranho (a matéria) — para retornar a si mesmo, reconhecendo-se como outro. A natureza e a sensibilidade recebem sua relevância tão somente graças ao trabalho espiritual da arte, isto é, através do processo dialético no qual o espírito sai de si mesmo para reconhecer-se como o outro da matéria.

Nesse percurso, o belo se determina como o aparecer da ideia na aparência sensível. No domínio estético, o ideal encarna, na exterioridade do mundo, a ideia abstrata e, como tal, irrepresentável. Hegel parece pensar nas ideias de Schiller quando diz que, no ideal, a beleza é uma sombra (ele cita, aliás, o poema "O ideal e a vida" que mencionamos acima). Privilegiando o belo artístico, isto é, a experiência da beleza mediada pelo trabalho espiritual, Hegel concebe a atividade artística como um momento que pertence ao trabalho do conceito, isto é, a um processo lógico e racional. A beleza verdadeira da obra de arte concilia a contingência e a particularidade das coisas naturais e materiais com o movimento espiritual.

Nesse sentido, é interessante a ideia da "energia do objeto", que traz à tona o que é efetivamente significativo em uma obra. Com efeito, nada na *Estética* de Hegel admite um resíduo material ou natural que não se dissolva no movimento espiritual — razão pela qual Hegel se mostra profundamente avesso a uma série de fenômenos artísticos relevantes de sua época (pensemos somente na teoria da ironia de Schlegel, que insiste sobre o distanciamento da subjetividade infinita; ou na descoberta das tonalidades maravilhosas e inquietantes da interioridade romântica, na qual ressoa algo enigmático, incompreensível e irrecuperável da natureza). O sentimento é admissível somente quando encontra no objeto artístico o repouso e o amortecimento que liberam novamente o movimento do espírito. Apenas nesse sentido, a obra de arte tem seu fim em si mesma.

As três formas de arte: a simbólica, a clássica e a romântica. A segunda parte da *Estética* expõe três momentos principais da arte. Hegel mostra como os três momentos lógicos do movimento (dialético) do espírito aparecem nas figurações (meta)históricas das "Formas de arte simbólica, clássica e romântica". Essas três formas ritmam a evolução histórica da arte efetuando o trabalho dialético do conceito que medeia a representação (*Vorstellung*) e a apresentação (*Darstellung*). Os dois conceitos hegelianos correspondem, em certo sentido, à distinção que a linguística faz entre o conteúdo representado e o ato de representar. Diante da representação temos ainda a ilusão de olharmos diretamente para a realidade tal como ela é. Na visão hegeliana, o desenvolvimento das formas artísticas é uma resposta ao que há de ilusório na representação. Modulando as formas de representar, a arte torna-se consciente do seu próprio fazer, isto é, do processo da apresentação. Em outras palavras, no desenvolvimento das formas representadas, a arte (isto é, o espírito em forma artística) torna-se consciente do seu fazer autônomo ou, como dirá Hegel, do seu processo-de-pôr (*das Setzen*). Trata-se da produção espiritual de uma mediação entre a coisa (na sua materialidade opaca que permanece em si mesma incognoscível) e o ato (espiritual) de manejar e dominar a coisa. Na representação, a obra para por um instante o movimento espiritual, de forma que a representação particular torna-se visível (como momento apenas) no fluxo que produz as diferentes obras de arte: a apresentação.

A representação e a apresentação constituem as duas faces ou as duas posições complementares da experiência estética — exatamente como a palavra enunciada e o ato de sua enunciação constituem as duas faces da experiência da linguagem. O desenvolvimento e a história da arte formam o processo dialético que permite ao espírito tomar consciência do mundo (nas representações) e de si mesmo (na apresentação dessas representações). Nesse sentido, Hegel distingue três momentos lógicos e históricos da arte — a forma simbólica, a clássica e a romântica.

A "forma de arte simbólica" coincide com as religiões naturais (o que nós chamaríamos de artes arcaicas do

Oriente, da África etc.). Nesse estágio, o trabalho do conceito "atravessa-trabalhando" a materialidade resistente dos objetos encontrados. As rochas da escultura primitiva "põem", numa relação puramente exterior, o símbolo do absoluto que permanece inacessível e abstrato num além (sobre ou subumano). Na arquitetura, manifesta-se o processo de mediação que traz a exterioridade abstrata para dentro de uma habitação escultural. Mesmo assim, o templo unifica, de modo meramente simbólico, os dois lados, ao passo que o antropomorfismo da arte clássica anuncia a autonomia de um corpo que tem todos os traços da espiritualidade. Na arte romântica, aparece, finalmente, a liberdade do espírito que reconhece a contingência de todo e qualquer suporte representacional.

Mas voltemos ao ponto inicial da arte simbólica. O símbolo coloca para si a tarefa espiritual da autointerpretação, diz Hegel, mas não consegue ainda resolver essa tarefa. A solução do enigma (o da insuficiência do símbolo e da representação para o pensamento) é preparada pela apresentação (a encenação particular de um conteúdo determinado). Ela chega a um ponto culminante na arte egípcia, na medida em que, aí, a representação parece encontrar sua limitação, que evidencia o processo da apresentação. Hegel considera a esfinge egípcia a expressão mais clara da limitação da arte simbólica. O monstro híbrido, esculpido na rocha, coloca diante de nós um hieróglifo simbólico. Dá a ver a contemplação muda e enigmática da representação que não se abre e não se eleva ao pensamento. Nesse momento, diz Hegel, aparece-e-brilha seu sentido (a palavra alemã *erscheinen* tem esse duplo sentido, de algo que está aí e, de repente, brilha). O aparecer da limitação e de seu além medeia uma nova forma de arte — a clássica.

Comparando a representação egípcia da esfinge com a grega, Hegel constata uma transformação espiritual que muda o lugar e o sentido dessa figura que, agora, transita para uma nova configuração: na arte egípcia, o monstro híbrido aparece como signo mudo, cujo silêncio reina como o enigma de um destino opressivo. Na arte clássica, o símbolo estanque desse enigma será destronado por Édipo. A figura humana, sua vontade e liberdade derrotam a esfinge trabalhando a exterioridade opressiva do destino mudo e indiferente.

Mesmo assim, o aparecer da liberdade e da autonomia espiritual do herói não é ainda efetivo, pois o herói que assume a autonomia não consegue ainda sustentá-la completamente (o herói trágico morre ou se autoexila). No entanto, a arte grega faz surgir inúmeras mediações nas quais essa liberdade propriamente humana e espiritual se anuncia claramente. Nesse sentido, a Grécia é o "reino da arte", o berço da religião-arte (*Kunstreligion*), isto é, da religiosidade vivida na e através da arte. Esse reino estende-se de Homero até a tragédia clássica. São os poetas que dão ao povo grego seus deuses — isto é, deuses antropomórficos, que agem, sentem e se comportam como a humanidade. Para Hegel, a depuração progressiva dos traços primitivos e zoomórficos, das divindades grotescas e híbridas, medeia, na Grécia clássica, uma consciência mais clara das possibilidades e limitações humanas. As representações cada vez mais humanas e racionais são, no entender de Hegel, mais adequadas para a apresentação da liberdade espiritual. Assim, a arte prepara a consciência de si, que, no seu ponto mais alto, faz surgir o pensamento filosófico.

É bem conhecida a crítica que Nietzsche fará, mais tarde, ao pensamento que se separa das formas vivas e sensíveis de expressão poética. Nietzsche insiste, contra Hegel, sobre a perda de vitalidade que marcaria o discurso filosófico, cujo esquecimento dos limites do pensamento (isto é, do sofrimento e do pavor da morte que tomam forma na tragédia) acarreta uma crescente impotência. Hegel, ao contrário, atribui à expressão artística o estigma da abstração e da impotência. O herói não pode viver sua liberdade no mundo, ele é livre apenas através da negatividade da morte trágica. A mesma falha aparecerá, mais tarde, no sacrifício cristão, na morte do Cristo que ocupa o centro da fase inicial da arte romântica. Insistamos sobre esse ponto, para ressaltar que a *Estética* hegeliana tem uma finalidade extraestética: seu *telos* é a efetuação de formas concretas da ideia de liberdade. Se Kant faz da experiência estética, isto é, do prazer-desprazer que acompanha um juízo imediato, o espaço virtual que assegura a liberdade do juízo, Hegel sobrecarrega a experiência estética e a arte com a tarefa de fornecer formas concretas e cada vez mais efetivas da liberdade.

A forma de arte romântica (isto é, a arte do cristianismo até os tempos de Goethe) cumpre ainda essa tarefa. Na sua figuração inicial, ela trabalha e absorve progressivamente a negatividade da arte clássica. Mas, nessa nova forma, a religião e a teologia começam a separar-se da expressão artística. A doutrina da trindade já fornece o conteúdo abstrato da humanidade do filho de Deus. Mas cabe à arte fornecer as figurações que permitam tomar consciência de uma liberdade efetivamente vivida no mundo dos homens. Não é a doutrina, mas a poesia de Dante, a *Divina comédia*, que faz aparecer a verdade do conceito do cristianismo. Hegel elogia a figuração efetivamente viva da universalidade espiritual que aparece no número infinito de personagens individuais que se movem em circunstâncias particulares. Dante representa o milagre de uma *Darstellung*, apresentação viva e concreta do conceito da liberdade espiritual. Movendo-se livremente numa multidão de representações individualizadas, Dante apresenta os momentos nos quais o espírito livre se efetua. Nisso, o poeta supera a "palhenta metafísica do entendimento" da Escolástica, que se rigidifica em "representações intelectuais" e sem vida.

Apesar dessa virtude de vivacidade efetiva, a arte romântica tão somente desenvolve conteúdos já acabados em si mesmos. Eles se encontram formulados, de modo abstrato, nos discursos teológicos. A perspectiva de Hegel exige uma conciliação desses dois modos. O equilíbrio ocorre na fase final da arte romântica, com o humor objetivo e o *Lied* — fusão de poesia e música —, que Hegel identifica também na poesia de Goethe. Essa última figuração da arte é caracterizada pela animação e ampliação de um objeto externo e contingente através de um profundo sentimento, de um chiste surpreendente, de uma reflexão significativa ou de um movimento espiritual da imaginação (II, 240). A poesia de Goethe é claramente reflexiva: não enuncia o sentido do objeto externo, dá a ele um sentido que excede a representação na sua contingência. Hegel insiste sobre a forma rica da *Auffassung*, do apanhar-e-compreender de um olhar ágil que faz surgir aspectos essenciais, porém ocultos, do objeto. Assim, a poesia amplia a representação, ao mesmo tempo em que reconhece, implicitamente, sua limitação num todo maior — de uma obra que representa o mundo todo-abrangente da eticidade.

No privilégio que Hegel concede à poesia de Goethe e nas críticas contra outras formas subjetivas de sentir e compreender (por exemplo, a ironia de Schlegel e a exploração das tonalidades do romantismo), aparece uma dimensão nitidamente normativa da *Estética* hegeliana. A polêmica contra Schlegel e os românticos é ocasionada por um problema estrutural da *Estética* hegeliana. Tendo excluído o belo natural e concentrado seu enfoque sobre o desenvolvimento do belo artístico no horizonte do conceito e do espírito absoluto, ela amputou, ela mesma, aquele espaço (ou fundo) do qual surge a experiência estética pura. Ora, esse espaço do juízo de gosto puro é (entre outras coisas) o vislumbre de algo totalmente outro, de um prazer que, embora universal e racional, não deriva de nenhum interesse (nem cognitivo, nem ético, nem sensorial) e não realiza nenhum interesse determinado. Hegel jamais ilumina esse surgir enigmático e indeterminado da faculdade de julgar.

O Sistema das Artes. Na última parte da *Estética*, no Sistema das Artes, podemos verificar mais uma vez a orientação teleológica do desenvolvimento dos gêneros artísticos. Esses são concebidos como efetuações palpáveis dos momentos lógicos do movimento do conceito. Na escultura rudimentar e na arquitetura sacral, aparece o espírito abstrato e exterior. Nas formas da escultura clássica, a presença espiritual torna-se humana, isto é, encontram-se conciliados os lados opostos do espírito e da sensibilidade — conciliação esta que o gênero dramático da tragédia desdobra e leva a uma nova mediação. Na arte romântica, os três gêneros — a música, a pintura e a poesia — fazem surgir a gama dos sentimentos interiorizados da humanidade. Entre esses gêneros, o mais espiritual é a poesia, na qual a palavra prepara a conciliação com a ideia. Nessa derradeira figura, a arte chegou ao seu fim: o espírito absoluto deixa a arte para efetuar-se na filosofia e nas formas institucionais que correspondem a esse saber livre e abrangente.

Considerações finais

Nos séculos XIX e XX, com o fim dos grandes relatos e sistemas filosóficos, pensadores como Schopenhauer, Emerson e Santayana aproximam-se a concepções orientais da arte, vendo na experiência estética algo como um exercício zen, que oferece a possibilidade de abrir mão das compulsões da vontade. Por outro lado, as reflexões sobre a arte e a experiência da beleza são desenvolvidas, em grande parte, pelos próprios artistas. A precisão dessas observações repercute sobre o pensamento filosófico e modifica as perspectivas da estética tradicional. Não é um acaso que Nietzsche exija um retorno à sabedoria dos poetas e dos músicos, cujas formas de expressão desafiam o conhecimento racional, mergulhando-o novamente na matriz do incomensurável. No entender de Nietzsche, é preciso que o saber filosófico se coloque "na soleira do inominável". Pensadores como Hölderlin e Nietzsche exigem uma filosofia estética, isto é, um pensamento que não recue diante daquela experiência indeterminada e ambivalente que nos conecta, esteticamente, com o maravilhamento vital e o pavor do sofrimento e da morte. *O mais antigo fragmento de sistema do idealismo alemão*, esboço atribuído aos amigos Hölderlin, Schelling e Hegel, é o último texto que desenvolve a ideia kantiana do sentido estético como fundamento que assegura a unidade (sistemática) do sensível e do cognitivo, do racional e do ético. Nas estéticas dos escritores russos, por exemplo, em Dostoievski, a beleza adquire novamente feições místicas e míticas, como força ambivalente na qual se revelam tanto o bem como o mal.

Ao longo do século XX, pendores materialistas e idealistas abrem um campo de tensão propício tanto para a exploração das condições sensoriais e materiais que determinam o aparecimento dos objetos da representação como para a reflexão sobre as condições psicológicas e espirituais que presidem o uso das categorias e dos conceitos.

Os românticos alemães e ingleses, os simbolistas franceses, as vanguardas do século XX descrevem com precisão os inúmeros aspectos específicos da experiência estética e das suas relações com o mundo empírico, com o objeto de arte, com o prazer subjetivo, com os contextos sociais, políticos e econômicos, com o conhecimento e as ideias religiosas, éticas ou científicas... Embora fragmentada em incontáveis abordagens, essa reflexão foi tão rica, que terminou pondo em xeque a estética como disciplina unificada e provocou também profundas mudanças na história e na crítica da arte. Um dos grandes historiadores da arte do século XX, E. Gombrich, confessa nesse sentido: "Não é de surpreender que [artistas e críticos] têm hoje pouco tempo e pouca paciência para com as generalidades que encontramos em livros sobre estética. Devo confessar meu desconforto diante de tratados sobre 'o artista' e 'a obra' nos quais não fica claro se devemos pensar no templo de Abu Simbel ou numa serigrafia de Andy Warhol."

Theodor W. Adorno é um dos raros autores que souberam transformar em reflexão ensaística os problemas da estética sistemática. Seus *Escritos estéticos* mantêm em equilíbrio uma grande sensibilidade estética e um conhecimento filosófico enciclopédico. Tanto a *Estética* como a *Dialética do esclarecimento* transitam com muita elegância entre as abordagens da estética sistemática, a crítica da arte e as novas formas de produção e recepção da obra de arte. Seu olhar crítico (e, muitas vezes, pessimista quanto ao futuro da arte) ilumina os problemas teóricos e práticos que se opõem a um discurso unificado e sistemático sobre a arte nas sociedades industriais e midiáticas.

Onde Adorno sublinha as perversões do tecido social e político que opõem à experiência estética todo tipo de impossibilidades e impedimentos, a reflexão de Heidegger coloca-se como uma exortação para a redescoberta do potencial ontológico da experiência estética. Heidegger desenvolve a ideia de que a experiência estética possui um potencial revelador, ideia esta que permanece implícita na ideia kantiana do *favor* e do *desinteresse.* Reelaborando esses implícitos, ressaltam-se as virtualidades de um estado desinteressado que "deixa ser" e "deixa vir à tona" um algo que interesses demasiadamente discursivos e racionais nos impedem de perceber. Quando Heidegger fala de *Gelassenheit* (serenidade), sentimos que ele reformula os elementos do prazer desinteressado e do juízo de gosto puro transformando os conceitos kantianos nas metáforas de um estado de prontidão e presença no qual pode acontecer o desvelamento do ser e da verdade. Mas essa promessa, que faria da obra de arte o lugar de um evento histórico e ontológico, choca-se contra a ameaça dos hábitos mecânicos do pensamento e as práticas automatizadas da ciência e da tecnologia nas sociedades modernas.

Na obra de Derrida, o legado de Kant e a tradição que leva de Hölderlin a Nietzsche e Heidegger desdobra-se em reflexões múltiplas sobre o entrelaçamento das operações cognitivas e racionais, éticas e sensoriais. Na desconstrução, persiste implicitamente a ideia de um âmbito estético no qual o prazer (puro) decorre de um juízo imediato e anterior aos procedimentos da consciência. Esse pressuposto incentivou abordagens transdisciplinares, que deslocaram o pensamento sistemático em favor da disseminação do pensamento filosófico em constelações frouxas evidenciando os vínculos secretos entre disciplinas tão distintas quanto arte e política, ou ética e psicanálise.

Os impasses da estética diante da sensibilidade contemporânea. Na segunda metade do século XX, as reflexões sobre estética tendem a associar-se a ponderações sociológicas, confundindo-se, muitas vezes, com o gênero da crítica cultural. Os conceitos clássicos da estética e da teoria da arte raramente aparecem em textos críticos sobre literatura, cinema ou artes plásticas publicados em jornais. Quando aparecem, as ideias extraídas dos complexos sistemas filosóficos suscitam equívocos e aparentes contradições com a realidade contemporânea. Enredam os críticos e intelectuais em debates muitas vezes desfocados, pois as exigências de coerência dos grandes sistemas filosóficos (ou "relatos", no linguajar de Lyotard) parecem contradizer-se ao pluralismo e à complexidade do mundo moderno. Segundo Adorno, a arte na era da comunicação tende a produzir uma paródia do sonho wagneriano da "obra de arte total": o acordo da palavra, da imagem e da música nada mais faz além de reproduzir e modular as determinações das estruturas econômicas, políticas e sociais.

A estética atual tem dificuldade em conciliar as perspectivas sistemáticas com a crescente multiplicação dos fenômenos estéticos. Com efeito, como dar conta da ideia de um juízo de gosto puro e das múltiplas acomodações da arte com a mídia, o mercado e as instituições do Estado? O filósofo Yves Michaud assinala que a recuperação da obra de arte pela mídia transforma em mero prestígio (ideológico ou mercadológico) sua transcendência ou sacralidade. A aura da beleza não inspira mais reverência: é suspeita como se fosse um instrumento mercadológico a serviço da "imagem" do Estado, do governo e de suas instituições. É nesse sentido que o filósofo francês analisa a recuperação dos conceitos da estética e do "patrimônio" artístico pela máquina burocrática. Esta, por sua vez, reitera recortes ecléticos das teorias estéticas clássicas, combinando os velhos ideais do artista profético com as novas fórmulas que proclamam os valores modernos de um pluralismo relativizante.

Nesta conclusão, cabe uma observação relativa ao ensaio de Wassily Kandinsky, *Do espiritual na arte*. Essa obra famosa, que mescla conhecimento técnico e teórico com inspiração artística e *élans* místicos, é hoje evitada pelos artistas e críticos contemporâneos; em contrapartida paradoxal, os administradores da cena artística gostam de usar o nome desse fundador da arte moderna como referência. O filósofo norte-americano Arthur Danto, por exemplo, preocupado com o destino dos conceitos clássicos da estética, inclui na sua reflexão sobre o fim da arte as ideias de pintores como Malevich e Mondrian, porém não menciona a teoria idealista do abstracionismo de Kandinsky, inscrito ainda no pensamento de Kant e na dialética hegeliana da arte romântica. Se Hegel vê como figuração "final" da arte a absorção do conteúdo (exterior e alienante) pela forma, Kandinsky descreve a abstração como uma espiritualização do suporte material e sensorial — tocando, assim, no problema da filosofia da natureza e no limite da reflexão crítica (kantiana). Kant já não via a cor como algo dado, distinguia o aspecto material (desencadeador de reflexos) da "pulsação", isto é, de um dinamismo que abre a cor a virtualidades como o acorde harmonioso. Hegel diria, de modo mais radical, que, na abstração, afirma-se a autonomia do espírito em relação ao material e às ilusões da certeza sensível. No entanto, nada indica que Kandinsky concordaria em clivar o movimento espiritual dos suportes estéticos elementares (ponto, linha, plano, cor). O ensaio de Kandinsky representa, de certa maneira, um *gran finale* no marco do "fim da arte" hegeliana: uma assídua exploração das mediações mais recônditas entre o sensível e o espiritual, uma investigação também da finitude do sujeito criador perdido-e-absorvido na (sua) criação.

Na segunda metade do século XX, nota-se um certo silêncio da crítica de arte no que diz respeito às referências filosóficas. É com novas metáforas e perífrases, sem qualquer menção aos filósofos, que o discurso crítico de Clement Greenberg combina a ideia kantiana da cor com a dialética hegeliana das formas. O crítico americano firmou o lugar de Morris Louis e de Kenneth Noland (entre outros) na história da arte americana e mundial. Seu discurso descreve (em estilo quase hegeliano) a evolução da pintura desde Manet como uma espécie de conquista da identidade própria que segue a "orientação para a planaridade". Os quadros *Sarabanda*, de Morris Louis, e *Floração*, de Kenneth Noland, são um marco de inovação (com relação a Pollock, Still, Rothko e De Kooning), devido à sua rigorosa identificação da cor com a superfície. Esta transmite à cor um aspecto "desincorporado, puramente óptico", de forma que a cor abre e expande a imagem. Nessa expansão, a perda de referencial realista significa um ganho na expressão e uma expansão do plano da imagem. Nota-se, nessa abordagem crítica, um retorno à reflexão kantiana sobre o dinamismo da cor-pulsação que transcende e estilhaça a ideia (ingenuamente realista) de um substrato dado, material, sensível e resistente que a arte usaria ou representaria.

A crítica de Greenberg sempre se situa num movimento de conquista daquilo que é próprio às respectivas formas de arte e que pressupõe (implícita ou explicitamente) um vetor histórico amplo. Nessa moldura, afloram as principais ideias que sustentam a Analítica do Belo de Kant — embora Greenberg apresente essas ideias no estilo do *connaisseur* do século XVII, de modo afirmativo e peremptório. "Se essas pinturas fracassam como veículos e expressões de sentimentos, elas fracassam inteiramente", diz Greenberg das pinturas que ousam concentrar-se sobre o que serve "só para a vista" (Complaints of an Art Critic). Mas, ao mesmo tempo em que o crítico assume a autoridade do *connaisseur*, cujo julgamento surge de modo involuntário, o gosto é declarado ser "objetivo e desinteressado" — tal como o juízo de gosto puro de Kant é "desinteressado e universal", isto é, válido para todos.

Novas formulações e conceitos adaptados aos interesses atuais não devem ocultar o fato de que a crítica de arte das últimas décadas alimenta-se, explícita ou implicitamente, dos conceitos das estéticas sistemáticas, adotando-os ou transformando-os segundo as novas necessidades. Às vezes,

Kant e Hegel sustentam um pensamento (como o de Greenberg) sem serem citados. Às vezes, Hegel é amplamente citado como fonte de inspiração, quando, na verdade, o crítico transforma totalmente o valor que o respectivo conceito tem no sistema que lhe deu origem.

Com as feiras de arte, os happenings e performances que marcaram a segunda metade do século XX, os problemas da estética e da crítica de arte complicaram-se ainda mais. Já no final dos anos 70, Nelson Goodman considerou a questão "o que é arte?" demasiadamente complicada. Os problemas levantados por Hegel (estatuto histórico e lógico da arte) ou Kant (distinção entre as dimensões "pura" e "interessada" da experiência estética e da arte) ressurgem agora em ensaios de teoria e crítica que partem da experiência concreta para investigar os conceitos clássicos à luz da multiplicidade dos fenômenos atuais da arte.

Leituras recomendadas

ADORNO, T.W. *Teoria estética*. São Paulo: Martins Fontes, 1987. *Notas de literatura I* (trad. Jorge de Almeida). São Paulo: Duas Cidades, 2003.

ADORNO / HORKHEIMER. *A dialética do esclarecimente* (trad. Guido de Almeida). Rio de Janeiro: Zahar, 1985.

Os escritos de Adorno, difíceis de ler, são os exemplos mais lúcidos da frutífera união de uma sólida crítica da arte com reflexões filosóficas e sociológicas.

ARISTÓTELES. *Poética*, in *A poética clássica* (trad. Roberto de Oliveira Brandão). São Paulo: Cultrix, 1985. *Metafísica*, 3 vols. (com comentários). São Paulo: Loyola.

Aristóteles analisa sobriamente a construção dos efeitos poéticos e corrige a concepção platônica da arte como cópia defeituosa de um modelo ideal. Recomendam-se os comentários da edição francesa de Roselyne Dupont-Roc e de Jean Lallot, Paris, Seuil, 1980.

BAYER, Raymond. *História da estética*. São Paulo: Estampa, 1993.

Manual acadêmico que oferece uma boa visão do desenvolvimento histórico da disciplina.

DANTO, Arthur C. *After the End of Art: contemporary art and the pale of history.* Princeton: Princeton UP, 1997.

O filósofo e crítico de arte recupera a concepção hegeliana do fim da arte para iluminar a dimensão reflexiva da arte moderna e as tendências ideológicas das vanguardas; analisa criticamente a concepção hegeliana da história universal.

DERRIDA, Jacques. *Glas.* Paris: Galilée, 1974.

O ensaio constitui uma bela exploração das fronteiras porosas entre a reflexão filosófica e o âmbito inesgotável do prazer estético. O livre jogo da imaginação e do entendimento dissemina os conceitos do sistema hegeliano na ficção de Sófocles e de Genet.

DIDEROT, Denis. *Discurso sobre a poesia dramática.* São Paulo: Brasiliense (trad. Luiz Fernando Batista Franklin de Matos), 1986. *Obras II, Estética, Poética e Contos.* São Paulo: Perspectiva, 2000.

Os ensaios de Diderot, importantíssimos na história da estética, marcam uma nova concepção da *mímesis.* A imitação ou representação é concebida não mais como cópia, mas como escolha e construção de ficções verossímeis.

GOODMAN, Nelson. *Ways of Worldmaking.* Indianapolis: Hacket, 1978.

O ensaio mescla considerações filosóficas, científicas e artísticas numa nova abordagem epistemológica.

GREENBERG, Clement. "Complaints of an Art Critic", in *Modernism, Criticism, Realism*. C. Harrison e F. Orton (ed.) London, Harper and Row, 1984 e "Louis and Noland". *Art International*, vol. 4, nº 5, 25/5/1960, p.26-9.

Os ensaios de Greenberg combinam as escolhas intuitivas do crítico de arte com bom conhecimento da história da arte e da estética. Embora sempre evite as referências aos textos clássicos, suas descrições da evolução da arte moderna tendem a inscrever-se na moldura da dialética hegeliana.

HEGEL. G.W.F. *Cursos de Estética,* 3 vols., São Paulo: EDUSP, 1999 (na edição da Martins Fontes, trad. Orlando Vitorino, 1996, 1º volume, falta a terceira parte, o "Sistema das Artes"). *Fenomenologia do Espírito* (trad. Paulo Meneses), Petrópolis: Vozes/USF, 2002.

As duas obras de Hegel consagram a arte como mediadora do progresso histórico e lógico do espírito.

HEIDEGGER, Martin. *Der Ursprung des Kunstwerkes,* in *Holzwege*, Frankfurt am Main, Vittorio Klostermann, 1977. *A questão da técnica*, Cadernos de tradução nº 2, São Paulo: USP, 1977.

Essas duas obras de Heidegger complementam-se como rastreamento do problema que o sentido estético (e a disciplina estética) enfrenta nas condições espirituais e mentais da atualidade.

HUME, David. *A Treatise of Human Nature*. Oxford, 1981 (ver índice remissivo, "beauty" etc.); *Tratado*, Unesp, 2000. *En-*

saios Morais, Políticos e Literários. Rio de Janeiro: Topbooks, 2004 ("Do padrão do gosto" está entre os ensaios).

A obra de Hume, muito apreciada por Kant, contém inúmeras reflexões sobre as normas que presidem ao juízo estético e às relações entre a beleza e os valores éticos.

JAEGER, Werner. *Paideia*. A formação do homem grego. São Paulo: Martins Fontes, 1986.

Livro importante para a compreensão do contexto mental das poéticas clássicas.

KANT, Immanuel. *Crítica da razão pura*. 2 vols., (trad. Valério Rohden e Udo B. Moosburger). São Paulo: Nova Cultural, 1988. *Crítica da faculdade do juízo*, (trad. Valério Rohden e António Marques). Rio de Janeiro: Forense Universitária, 1993.

KANDINSKY, Wassily. *Do espiritual na arte*. São Paulo: Martins Fontes, 2000.

É uma estética no limite do misticismo, que explica a experiência que levou ao abstracionismo. O texto *Ponto, linha e plano* (ibid.), fornece o suporte teórico das técnicas do abstracionismo.

MICHAUD, Yves. *La crise de l'art contemporain*. Paris: PUF, 1997.

Boa análise das condições novas de produção e recepção da arte e dos problemas que delas resultam para a teoria da arte e a estética.

WOOD, Paul *et alii*. *Modernismo em disputa. A arte desde os anos quarenta*. São Paulo: Cosac & Naify, 1993.

Fornece excelentes introduções aos problemas da crítica e da teoria das artes plásticas da segunda metade do século XX.

NIETZSCHE, F. *O nascimento da tragédia*. São Paulo: Editora Moraes, 1984.

Nietzsche analisa a experiência estética dos gregos e faz dela o instrumento que lhe permite formular a crítica da cultura contemporânea de sua própria época.

PLATÃO. *Fedro*. Lisboa: Guimarães, 1994. *Íon*. Introdução, tradução e notas de Victor Jabouille. Lisboa: Editorial Inquérito Limitada, 1988 (edição bilíngue). *República*. Lisboa: Fundação Calouste Gulbenkian, 2001. O *Banquete*. Lisboa: Edições 70, 1991.

Na obra de Platão, a experiência da pintura realista ou ilusionista é o ponto de partida para uma reflexão sobre o estatuto da representação e sua relação com o modelo, isto é, o ideal como referência metafísica.

SCHOPENHAUER, Arthur. *O mundo como vontade e como representação*. São Paulo: Edusp, 2005.

Opondo-se ao idealismo de Kant, Schopenhauer adota um fenomenismo radical, que não distingue mais sensibilidade de entendimento. O mundo aparece, assim, como enigma ou magia na qual vontade e representação são indissociáveis.

Sobre a autora

Kathrin Holzermayr Rosenfield nasceu na Áustria e vive no Brasil desde 1984. Sua tese de doutorado, "A história e o conceito na literatura medieval", orientada por Jacques Le Goff, foi publicada pela editora Brasiliense. Leciona na UFRGS, nos departamentos de Filosofia e de Letras, e promove, com o diretor Luciano Alabarse e o tradutor L.F. Pereira, eventos teatrais como *Antígona* (2004-5), *Hamlet* (2006), *Édipo Rei* (2007).

É autora de *Antígona — de Sófocles a Hölderlin*, Paris: Galilée, 2003. *Sófocles, Antígona* (trad. L.F. Pereira, introdução e notas K.H. Rosenfield), Rio de Janeiro: Topbooks, 2005. *Desenveredando Rosa. A obra de J.G. Rosa*, Rio de Janeiro: Topbooks, 2005. *T.S. Eliot e Ch. Baudelaire: Poesia em tempo de prosa*, São Paulo: Iluminuras, 1996. *A linguagem liberada, São Paulo: Perspectiva, 1989.*

Coleção **PASSO-A-PASSO**

Volumes recentes:

CIÊNCIAS SOCIAIS PASSO-A-PASSO

O negócio do social [40], Joana Angélica Barbosa Garcia

Origens da linguagem [41], Bruna Franchetto e Yonne Leite

Antropologia da criança [57], Clarice Cohn

Patrimônio histórico e cultural [66], Pedro Paulo Funari e Sandra de Cássia Araújo Pelegrini

Antropologia e imagem [68], Andréa Barbosa e Edgar T. da Cunha

Antropologia da política [79], Karina Kuschnir

Sociabilidade urbana [80], Heitor Frúgoli Jr.

Pesquisando em arquivos [82], Celso Castro

Cinema, televisão e história [86], Mônica Almeida Kornis

FILOSOFIA PASSO-A-PASSO

Estética [63], Kathrin H. Rosenfield

Filosofia da natureza [67], Márcia Gonçalves

Hume [69], Leonardo S. Porto

Hannah Arendt [73], Adriano Correia

Schelling [74], Leonardo Alves Vieira

Niilismo [77], Rossano Pecoraro

Kierkegaard [78], Jorge Miranda de Almeida e Alvaro L.M. Valls

Filosofia da biologia [81], Karla Chediak

Ontologia [83], Susana de Castro

John Stuart Mill & a liberdade [84], Mauro Cardoso Simões

Filosofia da história [88], Rossano Pecoraro

Teoria do conhecimento [91], Alberto Oliva

PSICANÁLISE PASSO-A-PASSO

Psicanálise com crianças [75], Teresinha Costa

Feminino/masculino [76], Maria Cristina Poli

Cinema, imagem e psicanálise [85], Tania Rivera

Trauma [87], Ana Maria Rudge

Édipo [89], Teresinha Costa

A psicose [90], Andréa M.C. Guerra

A angústia [92], Sonia Leite

Educação e psicanálise [93], Rinaldo Voltolini

Os outros em Lacan [94], Antonio Quinet

A paixão [95], Marcus André Vieira

Histeria: o caso Dora [96], Nadiá Paulo Ferreira e Marcus Alexandre Motta